THIS BOOK BELONGS TO:

_____

_____

_____

_____

Habit Tracker

Month_____

Year_____

Day												
1												
2												
3												
4												
5												
6												
7												
8												
9												
10												
11												
12												
13												
14												
15												
16												
17												
18												
19												
20												
21												
22												
23												
24												
25												
26												
27												
28												
29												
30												
31												

Week 1

_____

◯ MONDAY

                                          GOAL

_____   _____
                                          _____
◯ TUESDAY   _____
                                          _____
                                          _____
_____   _____

◯ WEDNESDAY

                                          STRATEGY

                                          _____
_____   _____
                                          _____
◯ THURSDAY   _____
                                          _____
                                          _____
_____   _____

◯ FRIDAY   _____
                                          _____
                                          _____
                                          _____
_____   _____

◯ SATURDAY / SUNDAY   _____
                                          _____
                                          _____
_____   _____

Week 2

○ MONDAY

GOAL

_____
_____
_____
_____
_____

○ TUESDAY

○ WEDNESDAY

STRATEGY

_____
_____
_____
_____

○ THURSDAY

_____
_____
_____
_____

○ FRIDAY

_____
_____
_____
_____

○ SATURDAY / SUNDAY

_____
_____
_____
_____

Week 3

○ MONDAY

GOAL

○ TUESDAY

○ WEDNESDAY

STRATEGY

○ THURSDAY

○ FRIDAY

○ SATURDAY / SUNDAY

Week 4

○ MONDAY

GOAL

_____

_____

○ TUESDAY

_____

_____

_____

_____

○ WEDNESDAY

STRATEGY

_____

_____

○ THURSDAY

_____

_____

_____

○ FRIDAY

_____

_____

_____

_____

○ SATURDAY / SUNDAY

_____

_____

_____

Habit Tracker

Month_____

Year_____

Day														
1														
2														
3														
4														
5														
6														
7														
8														
9														
10														
11														
12														
13														
14														
15														
16														
17														
18														
19														
20														
21														
22														
23														
24														
25														
26														
27														
28														
29														
30														
31														

Week 5

○ MONDAY

GOAL
_____
_____
_____
_____
_____
_____

○ TUESDAY

_____

○ WEDNESDAY

STRATEGY
_____
_____
_____
_____
_____

○ THURSDAY

_____
_____
_____

○ FRIDAY

_____
_____
_____

○ SATURDAY / SUNDAY

_____
_____
_____

Week 6

○ MONDAY

GOAL

○ TUESDAY

○ WEDNESDAY

STRATEGY

○ THURSDAY

○ FRIDAY

○ SATURDAY / SUNDAY

Week 7

○ MONDAY

GOAL

_____

_____
_____
_____
_____

○ TUESDAY

_____
_____
_____

_____

○ WEDNESDAY

STRATEGY

_____

_____
_____

○ THURSDAY

_____
_____
_____
_____

○ FRIDAY

_____
_____
_____
_____
_____

○ SATURDAY / SUNDAY

_____
_____
_____

_____

Week 8

○ MONDAY

GOAL

○ TUESDAY

○ WEDNESDAY

STRATEGY

○ THURSDAY

○ FRIDAY

○ SATURDAY / SUNDAY

Habit Tracker

Month_____

Year_____

Day																
1																
2																
3																
4																
5																
6																
7																
8																
9																
10																
11																
12																
13																
14																
15																
16																
17																
18																
19																
20																
21																
22																
23																
24																
25																
26																
27																
28																
29																
30																
31																

Week 9

○ MONDAY

GOAL

○ TUESDAY

○ WEDNESDAY

STRATEGY

○ THURSDAY

○ FRIDAY

○ SATURDAY / SUNDAY

Week 10

○ MONDAY

GOAL

○ TUESDAY

○ WEDNESDAY

STRATEGY

○ THURSDAY

○ FRIDAY

○ SATURDAY / SUNDAY

Week 11

○ MONDAY

GOAL

_____

○ TUESDAY

_____

○ WEDNESDAY

STRATEGY

_____

○ THURSDAY

_____

○ FRIDAY

○ SATURDAY / SUNDAY

Week 12

○ MONDAY

GOAL

○ TUESDAY

○ WEDNESDAY

STRATEGY

○ THURSDAY

○ FRIDAY

○ SATURDAY / SUNDAY

Habit Tracker

Month_____

Year_____

Day												
1												
2												
3												
4												
5												
6												
7												
8												
9												
10												
11												
12												
13												
14												
15												
16												
17												
18												
19												
20												
21												
22												
23												
24												
25												
26												
27												
28												
29												
30												
31												

Week 13

_____

○ MONDAY

GOAL

_____   _____
                                    _____
○ TUESDAY   _____
                                    _____
                                    _____
_____

○ WEDNESDAY

                                    STRATEGY

                                    _____
                                    _____
_____   _____
                                    _____
○ THURSDAY   _____
                                    _____
                                    _____
_____   _____

○ FRIDAY   _____
                                    _____
                                    _____
                                    _____
_____   _____

○ SATURDAY / SUNDAY   _____
                                    _____
                                    _____
_____   _____

Week 14

○ MONDAY

GOAL

○ TUESDAY

○ WEDNESDAY

STRATEGY

○ THURSDAY

○ FRIDAY

○ SATURDAY / SUNDAY

Week 15

○ MONDAY

GOAL

○ TUESDAY

○ WEDNESDAY

STRATEGY

○ THURSDAY

○ FRIDAY

○ SATURDAY / SUNDAY

○ MONDAY

GOAL

○ TUESDAY

○ WEDNESDAY

STRATEGY

○ THURSDAY

○ FRIDAY

○ SATURDAY / SUNDAY

Habit Tracker

Month_____

Year_____

Day													
1													
2													
3													
4													
5													
6													
7													
8													
9													
10													
11													
12													
13													
14													
15													
16													
17													
18													
19													
20													
21													
22													
23													
24													
25													
26													
27													
28													
29													
30													
31													

Week 17

○ MONDAY

GOAL

○ TUESDAY

○ WEDNESDAY

STRATEGY

○ THURSDAY

○ FRIDAY

○ SATURDAY / SUNDAY

Week 18

○ MONDAY

GOAL

○ TUESDAY

○ WEDNESDAY

STRATEGY

○ THURSDAY

○ FRIDAY

○ SATURDAY / SUNDAY

Week 19

○ MONDAY

GOAL

○ TUESDAY

○ WEDNESDAY

STRATEGY

○ THURSDAY

○ FRIDAY

○ SATURDAY / SUNDAY

Week 20

○ MONDAY

GOAL

○ TUESDAY

○ WEDNESDAY

STRATEGY

○ THURSDAY

○ FRIDAY

○ SATURDAY / SUNDAY

Habit Tracker

Month_____

Year_____

Day														
1														
2														
3														
4														
5														
6														
7														
8														
9														
10														
11														
12														
13														
14														
15														
16														
17														
18														
19														
20														
21														
22														
23														
24														
25														
26														
27														
28														
29														
30														
31														

Week 21

○ MONDAY

GOAL

○ TUESDAY

○ WEDNESDAY

STRATEGY

○ THURSDAY

○ FRIDAY

○ SATURDAY / SUNDAY

Week 22

○ MONDAY

GOAL

○ TUESDAY

○ WEDNESDAY

STRATEGY

○ THURSDAY

○ FRIDAY

○ SATURDAY / SUNDAY

Week 23

○ MONDAY

GOAL

_____

○ TUESDAY

_____

○ WEDNESDAY

STRATEGY

_____

○ THURSDAY

_____

○ FRIDAY

_____

○ SATURDAY / SUNDAY

_____

Week 24

○ MONDAY

GOAL

○ TUESDAY

○ WEDNESDAY

STRATEGY

○ THURSDAY

○ FRIDAY

○ SATURDAY / SUNDAY

Habit Tracker

Month _____

Year _____

Day														
1														
2														
3														
4														
5														
6														
7														
8														
9														
10														
11														
12														
13														
14														
15														
16														
17														
18														
19														
20														
21														
22														
23														
24														
25														
26														
27														
28														
29														
30														
31														

Week 25

○ MONDAY

GOAL

○ TUESDAY

○ WEDNESDAY

STRATEGY

○ THURSDAY

○ FRIDAY

○ SATURDAY / SUNDAY

Week 26

○ MONDAY

GOAL

○ TUESDAY

○ WEDNESDAY

STRATEGY

○ THURSDAY

○ FRIDAY

○ SATURDAY / SUNDAY

Week 27

○ MONDAY

GOAL

○ TUESDAY

○ WEDNESDAY

STRATEGY

○ THURSDAY

○ FRIDAY

○ SATURDAY / SUNDAY

Week 28

○ MONDAY

GOAL

○ TUESDAY

○ WEDNESDAY

STRATEGY

○ THURSDAY

○ FRIDAY

○ SATURDAY / SUNDAY

Habit Tracker

Month_____

Year_____

Day												
1												
2												
3												
4												
5												
6												
7												
8												
9												
10												
11												
12												
13												
14												
15												
16												
17												
18												
19												
20												
21												
22												
23												
24												
25												
26												
27												
28												
29												
30												
31												

Week 29

○ MONDAY

GOAL

○ TUESDAY

○ WEDNESDAY

STRATEGY

○ THURSDAY

○ FRIDAY

○ SATURDAY / SUNDAY

○ MONDAY

GOAL

○ TUESDAY

○ WEDNESDAY

STRATEGY

○ THURSDAY

○ FRIDAY

○ SATURDAY / SUNDAY

Week 31

○ MONDAY

GOAL

○ TUESDAY

○ WEDNESDAY

STRATEGY

○ THURSDAY

○ FRIDAY

○ SATURDAY / SUNDAY

Week 32

○ MONDAY

GOAL

○ TUESDAY

○ WEDNESDAY

STRATEGY

○ THURSDAY

○ FRIDAY

○ SATURDAY / SUNDAY

Habit Tracker

Month_____

Year_____

Day																
1																
2																
3																
4																
5																
6																
7																
8																
9																
10																
11																
12																
13																
14																
15																
16																
17																
18																
19																
20																
21																
22																
23																
24																
25																
26																
27																
28																
29																
30																
31																

Week 33

○ MONDAY

GOAL

_____

_____

○ TUESDAY

_____

_____

_____

○ WEDNESDAY

STRATEGY

_____

_____

○ THURSDAY

_____

_____

_____

○ FRIDAY

_____

_____

_____

_____

○ SATURDAY / SUNDAY

_____

_____

_____

Week 34

○ MONDAY

GOAL

○ TUESDAY

○ WEDNESDAY

STRATEGY

○ THURSDAY

○ FRIDAY

○ SATURDAY / SUNDAY

○ MONDAY

GOAL

○ TUESDAY

○ WEDNESDAY

STRATEGY

○ THURSDAY

○ FRIDAY

○ SATURDAY / SUNDAY

Week 36

○ MONDAY

GOAL

○ TUESDAY

○ WEDNESDAY

STRATEGY

○ THURSDAY

○ FRIDAY

○ SATURDAY / SUNDAY

Habit Tracker

Month_____

Year_____

Day																
1																
2																
3																
4																
5																
6																
7																
8																
9																
10																
11																
12																
13																
14																
15																
16																
17																
18																
19																
20																
21																
22																
23																
24																
25																
26																
27																
28																
29																
30																
31																

Week 37

○ MONDAY

GOAL

○ TUESDAY

○ WEDNESDAY

STRATEGY

○ THURSDAY

○ FRIDAY

○ SATURDAY / SUNDAY

Week 38

○ MONDAY

GOAL

○ TUESDAY

○ WEDNESDAY

STRATEGY

○ THURSDAY

○ FRIDAY

○ SATURDAY / SUNDAY

Week 39

○ MONDAY

GOAL

_____

○ TUESDAY

_____

_____

_____

○ WEDNESDAY

STRATEGY

_____

○ THURSDAY

_____

_____

_____

○ FRIDAY

_____

_____

_____

○ SATURDAY / SUNDAY

_____

_____

_____

Week 40

○ MONDAY

GOAL

_____

○ TUESDAY

_____

_____

_____

○ WEDNESDAY

STRATEGY

_____

○ THURSDAY

_____

_____

_____

○ FRIDAY

_____

_____

_____

_____

○ SATURDAY / SUNDAY

_____

_____

Habit Tracker

Month_____

Year_____

Day														
1														
2														
3														
4														
5														
6														
7														
8														
9														
10														
11														
12														
13														
14														
15														
16														
17														
18														
19														
20														
21														
22														
23														
24														
25														
26														
27														
28														
29														
30														
31														

Week 41

○ MONDAY

GOAL

○ TUESDAY

○ WEDNESDAY

STRATEGY

○ THURSDAY

○ FRIDAY

○ SATURDAY / SUNDAY

Week 42

○ MONDAY

GOAL

○ TUESDAY

○ WEDNESDAY

STRATEGY

○ THURSDAY

○ FRIDAY

○ SATURDAY / SUNDAY

Week 43

○ MONDAY

GOAL

○ TUESDAY

○ WEDNESDAY

STRATEGY

○ THURSDAY

○ FRIDAY

○ SATURDAY / SUNDAY

Week 44

○ MONDAY

GOAL

○ TUESDAY

○ WEDNESDAY

STRATEGY

○ THURSDAY

○ FRIDAY

○ SATURDAY / SUNDAY

Habit Tracker

Month_____

Year_____

Day													
1													
2													
3													
4													
5													
6													
7													
8													
9													
10													
11													
12													
13													
14													
15													
16													
17													
18													
19													
20													
21													
22													
23													
24													
25													
26													
27													
28													
29													
30													
31													

Week 45

○ MONDAY

GOAL

○ TUESDAY

○ WEDNESDAY

STRATEGY

○ THURSDAY

○ FRIDAY

○ SATURDAY / SUNDAY

Week 46

○ MONDAY

GOAL

○ TUESDAY

○ WEDNESDAY

STRATEGY

○ THURSDAY

○ FRIDAY

○ SATURDAY / SUNDAY

Week 47

○ MONDAY

GOAL

○ TUESDAY

○ WEDNESDAY

STRATEGY

○ THURSDAY

○ FRIDAY

○ SATURDAY / SUNDAY

Week 48

○ MONDAY

GOAL

_____

○ TUESDAY

_____

○ WEDNESDAY

STRATEGY

_____

○ THURSDAY

_____

○ FRIDAY

_____

○ SATURDAY / SUNDAY

_____

Habit Tracker

Month_____

Year_____

Day														
1														
2														
3														
4														
5														
6														
7														
8														
9														
10														
11														
12														
13														
14														
15														
16														
17														
18														
19														
20														
21														
22														
23														
24														
25														
26														
27														
28														
29														
30														
31														

Week 49

○ MONDAY

GOAL

○ TUESDAY

○ WEDNESDAY

STRATEGY

○ THURSDAY

○ FRIDAY

○ SATURDAY / SUNDAY

Week 50

○ MONDAY

GOAL

○ TUESDAY

○ WEDNESDAY

STRATEGY

○ THURSDAY

○ FRIDAY

○ SATURDAY / SUNDAY

Week 51

○ MONDAY

GOAL

○ TUESDAY

○ WEDNESDAY

STRATEGY

○ THURSDAY

○ FRIDAY

○ SATURDAY / SUNDAY

Week 52

○ MONDAY

GOAL

○ TUESDAY

○ WEDNESDAY

STRATEGY

○ THURSDAY

○ FRIDAY

○ SATURDAY / SUNDAY

Made in the USA
Las Vegas, NV
30 October 2022